100年恋するウエディング

ウエディングに生涯をかけた
鈴木良太郎からのメッセージ

オータパブリケイションズ

はじめに

私の父、鈴木良太郎は、結婚式をこよなく愛し、新郎新婦をこよなく大切に想っていました。この本は、父が書き留めていたものを、遺志を継いで編集いたしました。父の想いを受け止めて頂ければ幸いです。

とはいえ、正直、私は父としての鈴木良太郎は好きではありませんでした。私たちは当然血の繋がった父子です。私は父の好きな食べ物も、好きなプロ野球チームも、喜ぶタイミングさえも熟知しています。

でも、幼い頃から仕事ばかり。たまに帰って来ては頭ごなしに叱られて、正座して数時間なんて当たり前でした。愛情ゆえの叱るなんて分かるはずもありません。私はいつしか自分が思ったことを言えなくなっていました。辛かったな。

「どうやって言えばお父さんは怒らないかな？」

今思えば、幼稚園の時からずっとこんなふうに考えていました。

高校卒業し、父が築いた弊社アニバーサリーから洋菓子店セティボン?をオープンすると同時に入社し、パティシエとして働き出して数年、ようやく仕事として、社長として父を理解し始めました。

父はブライダル、結婚式を心から愛し、想いを全うしていました。

入社して10年ほどかかりましたが、父を社長として尊敬するようになりました。

ちなみに、私は18歳で入社後、一度も「お父さん」と呼んでいません。徹底しました。私は父子としての関係を、修復するかのごとく新しい父子の道を歩んだんだと思います。

その父が、ある日突然。肺癌ステージ4を告知されました。

「身体に共存する病気と向き合って必ず治す。」

本当に本当に、父は頑張っていました。

余命なんて嘘のように元気になったり、再発して苦しんだり。

辛くても苦しくても、いつでも誰にでも笑顔で優しく、大きな心で皆を包み込んでくれました。

きっと父は治った時に「笑顔のチカラ」を証明したかったんです。

大丈夫。
社長にふれた皆の心には勇気、笑顔、希望…
たくさんたくさん教えてもらいましたよ。
心から感謝です。
最後の最後まで私に社長として、「会社を頼むぞ」と言う父。
結局私が、「お父さん」って言えないうちに、社長は逝ってしまいました。
社長も私も二人の関係を全う出来たかな?
今、手を合わせて父へ…有難うを伝えています。

父として社長として、１００年後に向けてもっとやりたいことも希望もあった
はずです。

社長、大丈夫です。

過去が咲いている今
未来の蕾《つぼみ》でいっぱいな今

社長から頂いたこの言葉を胸に、
私達がやります。
まず私が頑張ります。

応援していて下さい。

鈴木啓太

＊父は生前、多くの詩も書いていました。
「」をつけております。
エッセイと共にお読みいただければ幸いです。

百年後のあなたへ

〝百年後〟のあなたは笑顔でしょうか？
〝百年後〟のあなたはお元気ですか？
そして〝百年後〟のあなたは幸せですか？

人と人が優しい事
人と人が支え合って笑っている事
人として必要な事が

少し難しくなってきている・・・
そんな気がします

百年前の私が
現在《いま》できる事って何でしょう?
百年後のあなたへ
現在《いま》私ができる事を
一生懸命〝心を込めて〟やってみます

百年後のあなたへ想いを重ねて
幾重にも笑顔の年輪を刻んで
どうぞ百年後のあなたが
ずっと笑顔で
大笑いでありますように・・・

人は「傍にいる人」を護れなければ、「遠くにいる人」を護ることもできません
人は「遠くにいる人」を護れなければ、「傍にいる人」を護ることもできません

現在《いま》蒔く種は
今日、咲く花もあれば
明日、咲く花もあるように
現在《いま》あなたがしている行動は
今日、咲く結果もあれば
未来に咲く結果もあるように
悲しみ事も
喜び事も
すべて

現在《いま》あなたがしている行動の結果です

今、あなたがしていることは
あなたの未来の預言者です

どうかあなたの大切な
「百年後のあなた」へ
人が人として出来ることを一生懸命、頑張りませんか？

目次

1

第一章　プランナーへ

結婚式の仕事は好きですか

あなたは今、結婚式の仕事を心から好きだと言えるでしょうか。

私はこの結婚式の仕事が、好きで好きでたまらないのです。

お客様の一番近くに寄り添って
おふたりの結婚式のお手伝いをさせていただくことが
何よりもうれしくて仕方ありません。

仕事をすることは、簡単なことではありません。
大きな責任感を伴うものです。

時には犠牲も伴いますね。

好きなこと、やりたいことだけをやればいいものではありません。

時には苦手なこと、やりたくないことも
選んでやらなければいけないことでしょう。
時には理不尽なこともあるでしょう。

あなたには守るべきものがあるでしょう。
あなたの守るべきものは何ですか。
お休みの数でしょうか。
お給料の金額でしょうか。
それとも愛する家族でしょうか。

それともかわいいペットかも知れませんね。
もちろんそのどれもが
あなたの守らなければならないものなのだと想います。

でもあなたがウエディングプランナーとして
一番守らなければいけないのは
もっと他にあるはずです。

あなたを頼ってくれる新郎新婦がいるかぎり
あなたはふたりの記念日を
結婚式としても守っていかなければいけないのです。

結婚式を控えた新郎新婦には

色々な悩みや苦しみがあるでしょう。

そんなおふたりにいつも寄り添い
おふたりの味方になって差し上げなければなりません。

結婚式を挙げたおふたりがいつでも帰ってくることができるように
あなたはいつもおふたりの帰る場所を守っていかなければいけません。

それはどれも簡単なことではありません。
どれも大きな責任を伴うことなのです。
生半可な気持ちでは務まりません。

だから結婚式の仕事は簡単ではないのです。

志事

この仕事、志事《しごと》。

今日も続けていこうと思うのです。

自分のため、あなたのため、そして誰かのため。

未来を担う子どもたちにこの美しい日本という国を残すために結婚式を通じて、結婚の大切さ、家族の温かさを伝えるため、ただ純粋にこの気持ちだけ、ただただそう思うのです。


私には、家族のために、目の前のお客さまのために、真剣に向き合い、未来のために子どもたちと真剣に向き合うことが、生きがいです。

しっかりと前を見つめて、志を高く持って、取り組みたい。

そんなことを仕事に、志の高い「志事」にできることを当たり前と思わずに、感謝の気持ちを忘れずに、歩んでいきたいのです。

人は一人では生きられないのです。

今の私には、かけがえのない家族がいます。

お客さまと真剣に向き合うプランナーも、いつも「美味しくなぁれ」と丹精込めて料理やお菓子をつくるシェフやパティシエも、みんな私の家族です。

人は一人で生きていくことができないのと同じように、一人からは何も生まれないということの意味を改めて考えます。

だって私たちは皆等しく死ぬのだから。

大統領も、総理大臣も、もちろんあなただって、みんないつかは死ぬのです。

でも考えてみてください。

もしあなたが、だれか愛する人と出会って、幸せな家庭を築いて、子どもをもうけることができたなら、一人と一人、二人から、また新しい命が始まる。

それは、未来に繋がるかけがえのない命のバトンです。

こうして連綿と繋げられてきた命のバトン。私たちはその意味や重さをしっかりと受け止めて、未来に繋げていかなければいけないと思います。

結婚の意味って、こんなところにも見出すことができると思います。

結婚ってこんなに素晴らしいものなのです。

結婚式ってこんなに素晴らしいことなのです。

結婚式に携わることができる私たちはこんなにも幸せな、責任の重い志事なのです。

私はお客さまと、結婚式と真剣に向き合うプランナーたちを愛しています。

そんな宝物のいっぱい詰まったメゾンで、今日もお客さまを迎えることが私の喜びです。

私の志事なのです。

一生涯のお付き合い

皆さんは普段、どのようにお客様と向き合っているでしょうか。

ここのチャペルはこんなにステキです。
今ならこんな素敵なドレスがお選びいただけます。
お料理も有名シェフが監修したお薦めの逸品です。

このような接客ばかりしていたら、新郎新婦はどのように想うでしょうか。

お客さまに私という人の魅力を分かってもらい、信頼関係を築き、その上でどんなことがあっても大丈夫、大切な結婚式を私という人間に任せてもらうことは、難しいことでしょうか。

クルマでも、保険でも、家でも、大きな買い物はみんなそうだと思うのです。

でもなんで結婚式になると、あっちの式場、こっちのチャペル、ドレス、お料理となってしまうのでしょうか。

でも何よりも、結婚式を創る私たちの責任ではないかと思うのです。

結婚とはどういうものなのか、
結婚式というのは何なのか、
おふたりがご存じなければ教えて差し上げなくてはいけないと思うのです。

分からないからこそ、私たちを頼っていただくのだと思うのです。

それなのに、分からないことをいいことに、結婚式場の都合や勝手な考えを押し付けてしまっていること、多かれ少なかれありますよね。

こんなことをやっていたのでは、先人たちが一生懸命に守り続けてきた結婚式の文化はすたれてしまうと思いませんか。

結婚式は、一生に一度、泣いても笑っても一回だけだから、後からなにか問題が起こったって気にすることはないなんて、悲しい考えはすぐに捨ててください。

幸運にも沢山ある結婚式場から私たちの会場を選んでいただけた、たくさんいるプランナーさんの中から私と出会うことができたという奇跡を大切に、これから一生涯のお付き合いが始まるのです。

これは、一度きりだからときちんとおふたりと向き合うことをおろそかにしていたのでは、絶対にありえないことではないでしょうか。

30年の時の流れ

私が結婚式の「しごと」を始めたばかりの22歳のころ、右も左も分からずに、ただ一生懸命だけが取り柄だった気がします。
たくさんのお客さまが支えて下さいました。

今から30年前、結婚式の担当をさせていただいた「おふたり」から息子さんの結婚式を担当する機会をいただきました。
あれから30年。永いような、短いような・・・
先日、30年振りに伺ったご自宅で過ごした温かな時間にはいっぱいの幸せが溢れて、まるで家族のように温かかったなぁ。

30歳を過ぎて、専門式場で得た経験を生かして、今でいうウエディングプロデューサーとして独立。

でも、生死をさまよう大病に出会いました。

しかしウエディングに対する熱い想いが、病魔を倒し、克服したのです。

その後、ウエディング施設をはじめレストランやお花屋さん、ケーキ屋さんなど、ウエディングや晴れの日に相応しい事業展開を進めてきました。

富士山の麓の「メゾン」との出会いは私にとってのご褒美であり、賜物です。

私にとって雄大な富士山を背景に唯一無二のウエディングステージは、優しさに包み込まれた母のような存在なのです。

30年という永い時の流れを考えるとき、なかなかすぐにピンとはこないのだけれど、永い時間、ひとつのことにこれだけの時間と情熱を傾けるということは、素晴らしいことなのではないかと考えるようになりました。

生まれたばかりの子どもが30歳になるくらいの長い時間。

その時間を簡単に言い表すことは難しいのだけれど、子どもが成長するように、庭の木々が大きく枝葉を茂らせるように、時間は私たちを見守り、確実に成長へと導いてくれるものです。

そんな30年の私たちの歩みを振り返るうえで、とてもシンボリックなこと、とっても嬉しいことがありました。

私が結婚式場に勤めていたころに結婚式を担当させていただいたご夫婦とは、結婚式後も年賀状や、簡単な手紙のやりとりを通して、交流を続けています。みなさん一生懸命に温かな家庭を築き、お子さんが生まれて家族が増えて、幸せに頑張っています。

そして、そんなおふたりの家族が、進学や就職など家族の形が少しずつ変わっていく様子を拝見することは、とても嬉しいことです。

そんなご夫婦が、ご自身の子どもたちの結婚式の会場として私を、そして私が創ったメゾンを選んでくださるというそんな幸せが、このところ立て続けに舞い込んできています。

私の真っ直ぐな想いが少しでも伝わって、おふたりの人生のなかに、築いたその家庭の基礎の部分に息づいていてくれるというのは、嬉しいものですね。

そんな結婚式を、おふたりが家族としての初めの一歩を踏み出すお手伝いをしたカップルが、その子どもを連れてわざわざ訪ねてきてくれる。

本当に嬉しいことです。

そして私は思うのです。

結婚式というその通過点をお手伝いするのではなく、家族としておふたりが手に手をとって歩む最初の一歩を踏み出すお手伝いをする。

そして、そのお手伝いが、私たちの想いがきちんと届いたときには、必ずまた戻ってきてくれると。

少子化とか、非婚化とか、いろいろな問題が取りざたされているけれど、この結婚式の仕事を真剣に、命がけでやっていくことができれば、家族を持つことの素晴らしさや、結婚することの大切さは必ず伝わっていく、広まっていくと思っています。

どんなに大変なことがあっても、結婚した方がいい。

結婚式はやった方がいい。

家庭は持った方がいい。

そう思うのです。

温かな結婚式を通して、結婚ということについてだけではなく、家族の在り方、人の生き方についても想いを巡らせることで、ひとりより、ふたりの方がいい、そんな心からの想いを感じてもらえると思うのです。

結婚をしたくなる。
家族を持ちたくなる。
そんなことに繋がっていくのではないでしょうか。

私は、これまでと同じように、これからもこんなことを伝えていきたいと心から思うのです。

「続けること」

30年前のあの日
高砂席に座っていたおふたりが今
30年の時を経て
御両親席から息子夫婦を見守っています

私が結婚式の仕事を始めた頃に
出会ったおふたりの息子さんの結婚式

いっぱい笑って、いっぱい泣いて
それはそれは温かで素敵な結婚式でした

当時の新郎新婦のお母さまにも
30年振りに再会し
立派になったね（笑）と
褒めていただき光栄でした

そして何より
メゾンのプランナーにも
この仕事の魅力を伝えることができました

今、私はメゾン・ド・アニヴェルセルを
創って本当に良かったと思っています

大切に水をやり、永い時間をかけて世話をしてきた

この小さな小さな種は
いつしか大きく育ち
節から芽が出る

続けることって大切ですね

感謝です

プランナーたちを前に

私はメゾンのプランナーに週一度、自身の考え方、生き方、プランナーとしての姿勢、人としての在り方などを一所懸命に伝え、人としてプランナーとして何が大切なのかを言い続けてきました。

粘り強く、丁寧に。

私は一人一人と真剣に、一生懸命に向き合います。
時に厳しいこともたくさん言っています。

でもそれは怒るのではありません。叱るのです。
怒ることと叱ることは大違い。そこを間違えてはいけません。

怒ることの主体は自分自身にあるものです。

自分の欲求や思いが満たされないときに人は怒るのです。

では叱るというのはどうですか。

叱るというのは相手のためにすることなのです。

相手に気付いてほしいから、もっとよくなってほしいから叱るのです。

そして叱るという行為には、愛情や、お互いの間に信頼関係がなければいけないと思うのです。

私は、その子のためを思い、成長を期待するからこそ真剣に、厳しく叱るようにしています。


だからこそ、プランナーたちも真剣にまなざしを返してくれるのです。

真剣に向き合ってくれるのです。

私の問いかけに一生懸命に応えようとしてくれるのです。

彼女たちは私の宝物。彼女たちの笑顔は何にも変えがたい私の財産です。

週に一度のこの時間は、私にとってとても大切な、大切な時間です。


その中で私は、自分たちの手が何のためにあるのかを説いています。

私も、あなたも、人はみな両の手を広げ、その手を誰かのために差し伸べることができるものです。


人という字を見てごらんなさい。

人が手を広げれば、大人になります。

両の手を広げて、あなたの大切な人に手を差し伸べ抱きしめてあげることができるように。


でも、もしもあなたがきちんと大人になれなかったとしたら、大人という字の大のところ、〝一〟〝人〟と離れてしまったら、きちんと大人になれないと一人になってしまうでしょう。

人は一人では生きていくことはできないのです。

しっかりとあなたの手を伸ばして、人と人として向き合って、心と心を通わせて、手に手を取り合って生きていかなければいけないのです。

さぁ手を広げてあなたの大切な人、あなたの隣にいる人に手を差し伸べることができる人であってください。

それが人として一番大切なことだと私は思います。

今この結婚式の仕事に携わる人の一体どれくらいの人が実際に結婚をしているでしょうか。

プランナーたちは、自分が体験していないことを説明しなくてはいけない、お客さまに勧めていかなくてはいけないという難しい状況もあると思います。

言葉の重みや、強さは果たしてあるでしょうか。

そこにしっかりと想い、気持ちがなければ強い言葉をおふたりに届けることはできないと思うのです。

結婚式の在りかたについて考えるとき、私が守っていきたい結婚式の形がメゾンにはあると思うのです。

想いを強く、感謝の気持ちを伝える結婚式。

これだけが正解だとは思わないけれど、こういうやり方もあるんだなということは、お客さまにも、他の結婚式場の方にも知ってもらいたいと思うのです。

それは、これからも永遠にこの結婚という文化が守られ、結婚式が続いていくためにも。

#「原点」

いろんなことが絡みあって
複雑になって
わかりにくくなったら

一度、原点に戻ってみるといい

結婚式の仕事が純粋に大好きだったあの頃
おふたりのために真剣だったあの頃に

今一度、原点にたちかえればいいと思う

結婚するおふたりを想い
真摯に向き合っていたあの頃のことを
思い出せばいいと思う

努力を惜しまず
結婚の意味
結婚を迎える素晴らしさを
伝えていけばいいと思う

数字を追うことも大切だけど
もっと純粋に結婚式のこと、結婚の意味を考えて
おふたりのために

おふたりの未来のために頑張りましょう

この仕事が、結婚式というこの素晴らしい文化が
ずっとずっと続いていくように

正しいことを間違いなくやっていれば
必ず結果はあとからついてくるから

どうか心配しないで

結婚の仕事を

信じるままに
胸を張って守っていけばいい

有難う

この素晴らしい仕事をするという
機会をいただいていることに感謝して

花束贈呈

披露宴もたけなわ。
最近では、ご両親への感謝の気持ちを込めて、色々と趣向を凝らしたプレゼントをされる新郎新婦がいますね。

例えば花束贈呈。
花束贈呈の意味って考えたことがありますか？

なぜご両親に、花束に感謝の言葉を添えてお渡しするのか。
私はこう思うのです。

一粒種のあなたは、この世に生を受けた日から今日まで、ご両親の大きな愛に抱かれて大きく大きく、立派に成長してきました。

そして今日、この晴れの日に、素敵な花を咲かせたのです。

ほら、
新婦さんのことを「花嫁」と呼ぶでしょう。
新郎さんのことを「花婿」と呼ぶでしょう。

あなたたちおふたりは、
ご両親が種を蒔き、今日までせっせと水をやり大切に育ててきた
大きな大きな花なのです。
美しく咲いた花なのです。

おふたりの晴れの日には、ぜひきれいに咲いた花束を、贈ってみてはいかがですか。

おふたりが生まれた季節の花や、結婚式の季節の花を花束にするのもいいでしょう。

おふたりの年齢と同じ数の花を花束にするのもいいでしょう。

もちろんご両親のお好きな花でアレンジするのも、おふたりの想いが伝わることでしょう。

「今日まで育ててくれて有難う。あなたの蒔いた種、育ててくれた花は、今日この晴れの日に、こんなにきれいに咲きました。これからもよろしくお願いします。」

そんな感謝の想いを花束にして贈ってみませんか。

私が花束贈呈をおふたりにおすすめする理由です。

人に託す

そういえば昔、私がプランナーとして結婚式のお手伝いをさせていただいていた頃、こんなことがありました。

私が一生懸命ご自宅に通って、やっとのことで結婚式を任せてくれるとおっしゃっていたご家庭がありました。

ちょうど時を同じくして近所の結婚式場がリニューアルをしたのですが、そのご家庭にはご高齢のおばあちゃんが居たために、エレベーターのある、リニューアルを行なった競合の式場で結婚式を挙げることにするといって、私に謝ってきたのです。

そのお電話を受けた私は、取るものも取らずにお客さまのご自宅に飛んで行って、改めてキャンセルの理由を伺いました。

その理由を耳にしたとき、私は何も考えずにとっさに、「私が車いすを担ぎます、おばあちゃまを背負います。だから私どもの式場で結婚式をさせてください。私どもにどうか任せてください。」という言葉が口をついていました。

そこには、計算もなにもありません。

もちろん会社に戻って確認したわけでもありません。

でも私はリニューアルをしたばかりでハードは素晴らしい会場よりも、少しくらいの短所(もちろん私たちの頑張りでカバーできるという自信がありました)があったとしても、それでもなおお余りあるほどに素晴らしい、一生おふたりや、列席の皆さまの心に残る結婚式をプレゼントできる自分の式場で、なんとしてでも結婚式をやってほしかったのです。

エレベーターが無い不便は一時、その場限りです。

でも温かな、心からおふたりをお祝いする結婚式は一生残るものです。

とても一生懸命に、熱心に説得したことを今でも覚えています。

その甲斐あってか最終的には、「君が当日まで担当してくれるんだろうな?」と新婦のお父様におっしゃっていただき、私に、私の働いていた結婚式場に決めてくれました。

このお父様は、大切な娘の結婚式を執り行うために、結婚式場を決めるにあたって、結婚式場の違い、魅力で場所を決めたのではなく、私という人間に娘の結婚式を託してくれたのです。

結んで
結んで・・・

お客様を叱る

お客さまの幸せを願い、真剣に、実直に向き合う。

その信念を持つと、お客さまに対して時に厳しいことも言わなければいけません。

以前、部屋着のような簡単なラフな格好でメゾンを訪れたカップルがいました。

ぜひ結婚式をメゾンで挙げたいということでしたが、それを聞いた私は丁寧に、時間をかけて結婚の意味、結婚式とはどういうものなのかを説き、その日はお帰りいただきました。

それだけ大切な意味と意義のある結婚式のお打ち合わせです。少なくても自宅に居る時と同じようなラフな格好で臨んでほしくはなかったのです。

もちろんアニバーサリーも企業として、一組でも多くの結婚式をお手伝いしたいという思いもあります。

でもその想いにも増して、若い二人にはきちんと意味を理解して、素晴らしい結婚式を挙げてもらいたい、そこから始まる人生、手に手を取り合ってどんなときも、何があっても笑顔で歩んでいってほしいと思ったのです。

正直、そのカップルは二度とメゾンには戻って来ないかもしれないなと思っていました。でもその翌週のことです。着慣れないスーツを着た新郎と、きちんとメイクをした新婦がふたりはにかみながらやってきたのです。

私はとっても嬉しくて、両の手を広げておふたりを迎え入れました。

話を聞くと、これだけ親身になって自分たちの結婚式について優しく、そして厳しく話をしてくれた人も、会場も他にはひとつもなかったのだそう。いろいろな結婚式場を回ったあとにふたりで相談して、ここメゾンで結婚式を挙げて、両親に心からの感謝を伝えたいのだということでした。

私は、このおふたりは必ず幸せな家庭を築いてくれる、この先どんな困難が待ち受けていようとも、必ず二人で力を合わせて乗り越えていってくれると確信しました。

今、人間関係が希薄になったこの世の中で、あなたには真剣に叱ってくれる人がどれだけいるでしょうか。

真剣に心配してくれる人が、どれだけいるでしょうか。

あなたの幸せをまるで自分のことのように喜んでくれる人が、どれだけいるでしょうか。

もしかしたら、現代社会のなかの大多数の人たちは、そういった愛情に飢えているのかもしれませんね。

皆さんもこのメゾンで創る結婚式を通して幸せの形を再確認してみてはいかがでしょうか。

これは、たくさんたくさんあるメゾンでの幸せな話のほんの一握りにすぎません。

私は結婚式の仕事に30数年間携わっています。

私の愛する記念日の家メゾンでは、こんな幸せがたくさん起こるのです。

こんな奇跡がそこかしこに溢れているのです。

よく、メゾンに遊びにきてくださったお客さまのなかで、メゾンで妖精をみたとおっしゃる方がいます。

きっとメゾンには、おふたりを見守るエンジェルが居て、本当にメゾンを必要としてくれる人、メゾンを愛してくれる人にはエンジェルがとびきりの幸せを運んできてくれるのかもしれません。

そんな場所なのです。メゾンは・・・

明るく元気に感じよく

夏の朝、まだひんやりとして冷たく張りつめた朝の空気。

そんな澄みきった空気のメゾンの庭が大好きです。

富士の裾野に抱かれたメゾンには、「良い氣」がたくさん流れています。

夏、ピンと張りつめた空気が気持ちいい朝、メゾンの楠《くす》の木にはたくさんのカブトムシが集まってきます。それはそれは大きくて立派なカブトムシです。

メゾンの庭の一番奥、メゾンを見守る一対の楠の木があります。

それはそれは立派な楠の木です。

メゾンのシンボルツリーです。
触るとそれはそれはあったかくて、命のパワーを感じることができます。
私たちにいつもたくさんのパワーをくれる楠の木です。

メゾンの支配人が朝早くやってきてお庭を掃いていると、どこからともなくキジがやってきて鳴いています。
カブトムシをついばむためにキジがやってくるのです。

メゾンの朝には、そんな自然の光景がそこここにあふれています。

今年の夏、私は楠の木に集まるカブトムシを採ってきました。
大きな虫かごに入れて飼っています。
眺めていると元気なカブトムシは餌をよく食べて、所狭しと動き回っていました。

そして秋、私の書斎の窓辺の虫かごのなか、温かな枯葉の布団の下にたくさんの幼虫が眠っています。

寒い冬を過ごし、いつかまた、大きくて元気なカブトムシが生まれてくることでしょう。

メゾンに集まるカブトムシは、本当に大きくて元気なカブトムシです。
みんな元気なカブトムシです。

でも、元気なカブトムシとは言うけれど、明るいカブトムシとは言わないでしょう?
元気な犬、元気な猫とは言うけれど、明るい犬、猫とは言いませんね。
なぜだかわかりますか。

明るいというのは、私たち、人間だけを形容する言葉だからですね。

明るいというのは、人間だけに許された徳だといえるかもしれませんね。

あなたは、元気ですか？
毎日元気に頑張っていますか？

あなたは明るいですか？
毎日明るく挨拶ができていますか？

明るい人の周りには、自然と明るい人たちが集まってくるものです。

明るい人の周りには、いつも笑顔が溢れています。

暗い感じの人の周りには、同じように暗い感じの人たちが集まってくるものです。

もしあなただったら、どちらの人と一緒に過ごしたいと思いますか。

私は明るく元気なあなたが大好きです。
私たち人間は、明るく元気で感じが良いのが一番です。

明るく前向きな気持ちをもっていれば、表情も自然に明るくなるでしょう。
発する言葉も明るくなるでしょう。

そしてあなたの言葉は同じように明るい人を引き寄せるのです。
周囲の人を明るく元気に、前向きにするのです。

日、月、火、水、木、金、土・・・
ほら、よく見てごらん。

日、月・・・明。

一週間の始まりも、明るくスタートするのが良いのです。

さあ、明るく元気に感じよく。

まずはあいさつから始めましょう。

きっとあなたの毎日は大きく変わっていきますよ。

「笑顔でいるために」

命いっぱい
元気いっぱい

明るく
正しく

ただ今居る人の為に
明日出逢う人の為に
笑っていたい

また秋が来て

冬が訪れる前に

立ち止まって

自分のことも
世の中のことも
考える
笑顔の自分でいるために

「人生」

上を向いていれば、夢も叶う

下を向いたら、落し物しか見つからない

前を向いていれば、明日がやって来る

後ろを向いても、昨日には戻れません

愚痴を言ったら、幸せも人もいなくなっちゃう

感謝を言ったら、幸せも人も向こうからやってくるのです

人生はそういうこと、人として生きること

歳を重ねるごとに、少しずつ分かってきます

「花」

人生には、蒔いた種しか咲きません
例えそれが遠い未来でも
そこに咲く花はやっぱり幸せのきれいな花がいい
過去が咲いている今
未来の蕾《つぼみ》でいっぱいな今
だから今苦しくても

種を蒔くのです
水をやるのです

「頑張れ」

「誰か」や「何か」と比べなくても
自分の背丈にあった人生を
精一杯
命いっぱい

おごらずに
謙虚に
生かされていくことって

笑顔が増えて

心が優しくなれる気がします

何しろ心が疲れない
最近、特にそう思います

大切なことは
笑顔がいつもあって
はっきりと返事ができて
うなずいて人の話を聴いてあげること

頑張れ、頑張れ

「出逢う人」

その人の人生の「どの辺り」で出会うか？

同じ出会いでも

いつ、何処で、どんな時に

乗り越える前か
乗り越えた後か

どんな「形で出会うか」で

「出会う人」との関わり方も関係も変わってくるでしょう

男と女
男と男
女と女
親友
恋人
夫婦

出逢って、別れて

どんな関係になって生きていたとしても
こんなにたくさんの「人」が居るこの地球の上で

縁あって、出会った人なのだから

それがたとえ
一瞬の出逢いでも

一日の出逢いでも

一生の出逢いでも

誰もうらまず
大切にできたらいいなぁって思います

この人生で

出逢った全ての人にも
同じようにそう思っていただけるように

キョロキョロしないで
足元を踏みしめて

迷わず、日々をまず努力…精進ですね

自分と出逢った人の「今」と
この先の「いつか」の役に立てるように

絶対に頑張らなきゃ

「有難《ありがと》う」

有難う

有るのが難しいって書いて
有難う

人生で大切なのは
何をするか、何処にいくのか
よりも

誰と過ごすか
誰とそこに行くのか

本当にそう想います

今、出逢う人にも
これまでに出逢ってきた人にも
心からの感謝を伝えます

有るのが難しいのにも関わらず
今、この人と居る幸せが
今、ここにあること

有難う

それしかありません
歳を重ねるごとに
季節を迎えるごとに
そう想います
心から・・・

2

第二章　アニバーサリー

結婚と記念日の家　メゾン・ド・アニヴェルセル

富士の大きな空が広がる風薫る高台に
2006年10月1日
結婚と記念日の家　メゾン・ド・アニヴェルセルは産声をあげました。

メゾンには、私の想いがいっぱい詰まっています。

私が記念日の家と名前をつけたのは、自分が創った場所で朝を迎えることができたら、どんなに素敵だろうかという想いがあったからです。

結婚式を挙げられるおふたりにも、こんな家で一日をスタートできたらいいなと感じていただける場所にしたいと考えたからなのです。

初めてこの地に訪れたとき、一目でこの場所が気に入りました。

運命的な何かを感じたのかも知れません。

そんな想いの詰まったこの地に、真っ白い記念日の家を建て、四季折々の草花に彩られた庭を整えて幾千もの温かな家族を迎え、今日も結婚式を執り行い、新しい門出を迎えられた新郎新婦おふたりをお迎えできる幸せこそが、私がこれまでも、これからも、ずっとずっと守っていきたい「結婚式の原風景」です。

私が愛するスタッフ

メゾンがあるこの静岡という土地は、雄大な富士山に抱かれた肥沃な大地が広がっています。

静岡茶など、古くからのお茶の産地として有名だけれど、それだけではなく、海の幸、山の幸にも恵まれています。

気候も温暖で人も優しくって、水も美味しいのです。

富士の裾野に広がるこの土地で、私は今日も結婚式の仕事を続けることができること、本当に有難い。

そう心から想えるのです。

社員でなくても、アルバイトでも、配膳会社からの派遣スタッフでも、みんな私の大切な家族の一員に変わりありません。

私の家族は皆このメゾンが大好きで、私の想いをしっかり受け止めて、お客さまをお迎えし、おもてなしをしてくれるのです。

メゾンでは、社長である私も、支配人も、マネージャーもプランナーも、シェフもパティシエも、派遣されるサービススタッフもひとりひとりが自分の持ち場で、訪ねてくれるお客さまに感謝と歓迎の気持ちを持って仕事をしているのです。

メゾンにお越しいただくお客さまにとっては、初めて会ったスタッフが社長であるか、支配人であるか、昨日入社したばかりの新入社員なのか、はたまた派遣スタッフなんて分からないし、どうでもいいことですね。

そこに心からの笑顔と最高のおもてなしがあれば、相手が誰かなんて関係ないのですから。

このことは、一歩メゾンの中に足を踏み入れると、あちこちから聞こえてくる元気な挨拶の声や笑顔の数々、和やかに交わされる会話などでもお分かりいただけるかと思います。

メゾンは本当にたくさんの人に支えられているということに改めて気付き、感謝の気持ちをもつ瞬間です。

「笑顔で迎える駐車場」

メゾンの駐車場
お客さまを笑顔で迎えてくれる警備員

雨の日も
風の日も

お客さまを想って
いつも笑顔で迎えてくれる

こうして

プランナーたちに繋いでくれる
メゾンはたくさんの人に
支えられているんだという実感

今日も
メゾン・ド・アニヴェルセルから
すてきな結婚式が始まります

1122（いい夫婦）の並木道

白壁がまぶしいエントランスを入ると、真っ直ぐに伸びる並木道が目をひくことでしょう。

メゾンの庭のちょうど東側、門から真っ直ぐに続く桂の並木道があります。片側に11本ずつ向き合う22本の桂の並木道です。

ここを歩いたおふたりにはぜひいいご夫婦になってほしい、いつも迷いなく愛しなさいという想いを込めて、並木道でお迎えしているのです。

初めは小さかった桂の木々もいつしか大きく成長して、夏には涼やかな木陰を落としてくれています。

1122(いい夫婦)の並木道の桂の木には、ちょっとしたサプライズがあります。
それは桂の葉っぱの形を見てみると分かります。
可愛いハートの形をしているのです。

まるでおふたりの記念日をお祝いしているよう。

そんなところが気に入って、私はメゾンを創ったときには、ぜひこのメゾンの庭に桂の樹を植えようと思ったのです。
これからのおふたりの日々が、いつまでもいつまでもこの桂の葉っぱのように、いつもハートマークの絶えない幸せ溢れるものであることを願うのです。

この桂の並木は、昔はどの家にもあった縁側を体現しています。
かつて日本の家には必ず縁側がありました。

そして、縁側には日本の結婚式の原風景があったことを、皆さんはご存じでしょうか?

結婚式の日の朝、嫁入り支度を終えた花嫁は両親への挨拶を終え、玄関ではなく縁側から旅立ちました。

そして花嫁が縁側から出ると、花嫁が使っていた茶碗を割り、箸を川に流し、歩いた跡を一束の藁で掃き、その足跡をたどって、門火を燃やしました。

これは「実家と縁を切る」という縁に他なりません。

花嫁が二度とそこに戻って来ることがないようにと、強く優しい願いが込められているのです。

そして嫁ぎ先に到着した花嫁は、今度は「婚家に縁を入れる」意味で、花嫁は縁側から家に入ったものです。

なんと清らかで凛とした先人たちの習慣でしょうか。

かつてこの日本ではこのように気高く美しい習慣が、日常に色濃く息づいていたことを、今どれだけの人が、次代に向けて守っているでしょうか。

「ハートの雲ひとつ」

静岡の夏の夕暮れ
ハートの雲がひとつ

夏煙るこの夕暮れの
何となく誰かと居たくなる

夏の大好きな時間

そんなことを伝えたくって・・・

可愛いハートのドアノブ

想像してみて下さい。
小さなお子さんが一生懸命に押してもなかなか開かないドアに、
そっとお母さんが手を添えて押してあげる、
そんな心が温まるような光景を。

メゾンのエントランスの扉には可愛いハート型のドアノブが二つ。
大きいハートと小さなハートが、仲良く寄り添うようにデザインされています。

これは、温かくて幸せな家庭の原風景をここで見ていたいという、私の想いを込めたものです。

メゾンには案内看板を極力置かないようにしています。

お越しいただいた皆さまは、不便に思うことがあるかもしれません。

でもこれも無機質なサービスよりも、血の通った、人の温かみの伝わるおもてなしでお迎えしたいという私の強い想いなのです。

もちろんメゾンの景観を少しでも良くしたいという気持ちもありました。

でも何よりもここは人の優しさに溢れる空間にしたいと思うのです。

もし案内看板を必要としているお客さまがいらっしゃるなら、私たちメゾンスタッフがそのお客さまに駆け寄って、ご案内して差し上げればいいと思うのです。

行きたい所まで、お連れすればいいと思うのです。

声をお掛けすれば、そこには会話が生まれます。
会話のキャッチボールは温かいコミュニケーション。

新しい発見もあるかもしれません。

そしてなによりもこうして出会い、お話をすることで、お互いの関係はどんどん深まっていくのです。

ドアもやっぱり人が開け閉めして差し上げれば、そこで挨拶が交わされて、笑顔が生まれる。

そして和やかな会話が始まるんですね。

このメゾンは、そういう場所であってほしいのです。
そういう場所であり続けてほしいのです。

真っ白でまぁるいパーティルーム　マリアージュ

パーティルームの扉をガラス張りにしてしまったら、披露宴のお仕度の様子も、片付けの様子も、ホワイエでお待ちのお客さまから見えてしまいます。

でもおふたりの結婚式のお仕度、こんなに喜ばしいとき、丁寧に丁寧に、心を込めて準備して、創り上げていくそのひとつひとつをぜひ見て、感じて、共有してほしいと思うのです。

だからメゾンのパーティルームの扉はガラス張りにしているのです。

そして、このまぁるい真っ白なパーティルーム。

私は結婚式本来の意味、まっすぐなその想いや感謝の気持ちを伝えるためには、どのようにしたら良いかを考えました。

この真っ白で、まぁるいパーティルームは、お母さんのおなかの中に抱かれているような優しさと、おふたりのスタート、誕生を表わしています。

母の愛に抱かれて誕生したおふたりが、ここで結婚を通して、新しい誕生、スタートをする、そんな意味を込めています。

まぁるいかたち、角がなくてまんまるで温かい。

なぜだか分からないけれど、そこにいるだけで、温かな気持ちになる、心が満たされる。

そう、まるでお母さんのおなかの中に居るように、それがメゾンの会場のなかで感じる安心感だと思うのです。

私は、そんな温かな、抱《いだ》かれるようなまんまるな空間をつくりました。

結婚式で一番伝えなければいけないこと、私は「感謝」の気持ちだと思うのです。

これまで歩んできた道のりに対しての感謝、出会いへの感謝。
それらがあっての現在が「結婚式」であり、未来への誓いではないでしょうか。

披露宴とは、高砂席のおふたりから、末席に座るご両親とその間に座る列席の皆

さまと共に、
ご両親のもとに生を受けてから、今日までの歩みを振り返ること。
その歩みの中で出会った方々をお招きして、感謝を伝える時間。
そして、ふたりの結婚を報告し、未来への決意を新たにする場が結婚披露宴なのではないかと思うのです。

だからそこにあるのは感謝の気持ち、有難うの言葉だと思うのです。

新たなスタートである結婚式。
何色にも染まっていない、真っ白なメゾンでおふたりの新しい結婚生活をスタートさせて、手に手を取り合っておふたりが歩む人生が、素晴らしいものであってほしいと思うのです。

そしてこの真っ白いページはその長い歩みの中で、ふたりの色に染めていって欲しい、そんな願いを込めて真っ白い会場にしています。

白は気高い色です。

だからメゾンのパーティルームは、白で包まれています。

今はいろいろな演出が流行です。

カラークロスにカラードレス、過剰とも思える演出も多いですね。

でも、私はおふたりの幸せな結婚式そのものに、おふたりの幸せのストーリーにフォーカスしたいので、あえて白を使い続けているのです。

白はごまかしがきかない色、だましがきかない色、それでいて美しい色ですね。

そして白は誕生を表わす色なのです。

小さいころ、買ってもらった36色のクレヨン。
それはそれは嬉しくて、何度も眺めたクレヨンは、白と黒の間に色々な色がきちんと並んでいました。

私たちの人生もそう。

白で始まって、黒で終わる。

誕生からやがて来る旅立ちの日。

その間に、色々な出会いや別れ、喜びや悲しみの色があるのです。

そんな人生の中で、おふたりの歩みが始まる場所だから、私は真っ白なこのメゾンでお祝いして、おふたりを笑顔と温かな拍手で送り出して差し上げたいと思うのです。

そして、これは流行に左右されることなく、本物、本質で勝負していきたいという私の想いも現れているのです。

そしてもうひとつ。

メゾンには、なぜだかわからないけれど、とても温かで強いエネルギーに満たされていると思うのです。

それは、富士山からのエネルギーかもしれませんし、大地のエネルギーもあるのでしょう。

でも何より強いのは、ここで結婚式を挙げたカップルたちの笑顔や幸せ、喜びのパワーだと思うのです。

そんなひとつひとつの幸せ、笑顔に満たされ、守られているのがメゾンです。

家族を見守るソファ

パーティルームのちょうど高砂席の横に置かれたソファ。

私は以前、私のブライダルの師による、「私はソファ」という演出に感銘を受けて、ここメゾンにもソファを置いています。

三人がけのソファに新郎新婦が寄り添って座る結婚式の絵は、とても華やかで愛あふれる仲睦まじいものです。

そして、そのソファのおふたりの間にはいつしか新しい家族が加わり、家族だんらんの象徴となっていくのです。

ソファは家族の真ん中で、その家庭の変遷、家族の歴史を見守り続けていくのです。

10年後も20年後も30年後も、１００年後も。

これは、いつまでも続く家族の幸せを願いながら、そんな家族を見守るソファなのです。

ブライズルーム

メゾンのパーティルームの階段を上るとブライズルームがあります。

なぜ2階のこの場所にブライズルームを用意したのか。

もちろん2階からの階段を使っての入場の演出も考えたのですが、ご自身のお支度の途中、ちらっとパーティルームを覗いたりできたら素敵だと考えたのです。

ドレスに身を包んだ新婦が不安と期待の入り混じった気持ちで窓を覗くと、そこには皆さんが笑顔で歓談している様子が手に取るように分かります。

このアットホームな感じ、温かな気持ちになる空間を創りたくて、この2階のこの場所にブライズルームを創りました。

バージンロード

メゾンのチャペル、バージンロードは11メートル。

短いでしょうか。それともあなたは十分に感じるでしょうか。

バージンロードを歩くことは、花嫁さんにとって大きな夢のひとつかもしれません。

でも、バージンロードを歩くということの意味、あなたはちゃんとお伝えしているでしょうか。

おふたりや、ご両親にきちんと伝わっているでしょうか。

私はこう思うのです。

チャペルのドアが開いて、お父さまと一緒に歩くその一歩一歩は、ご新婦さまがご両親のもとに生を受けてから今日まで歩まれた一歩一歩。

そして、お父様の手を離れて、新郎と出会って今日を迎えるのです。今日この場で未来を誓い合い、前を向いて歩んでいくのです。ふたりが見つめるその先には、おふたりで歩む未来が広がっているのです。

だからバージンロードは、その長さではなく、今まで育ててくれたご両親との時間を想い、お父様と一緒に、どのような気持ちで、何を想って歩いていくかということが大切なのではないでしょうか。

結婚式の当日には、お父さまと歩く一歩一歩をどうか、かみしめて歩んでいただけるように、お伝えしてみてはいかがでしょうか。

デルミン牧師先生

スウェーデン人のデルミン先生に初めてお会いしたのは、先生の教会でした。
メゾンの牧師先生をお願いしたく、夜分にお伺いしました。

案内された面談の机の上の裸電球は、
「チカッチカッ」…
点いたり、消えたり…
顔が見えたり、消えたり。

奥様（やはり、スウェーデンの方です）が、お客さまに失礼ですよって、裸電球を変えるように言ったら、

裸電球に向かって、
「この子も最後の命を頑張っているから、大丈夫ですよね?」って。
私ににっこり話し掛けてくれた初対面のデルミン先生。

しかも、奥さんの事を「私の奥さんは、とても気が利く人、だから、私はこの人が居ないとダメなんです。」と嬉しそうに話すデルミン先生。

命に、そして物にも人にも愛し方があり、何より物も人も尊敬しているデルミン先生。

生かされている幸せ、生きる喜び、メゾンのチャペルの先生、直ぐに大好きになりました。

息子が描いた絵

メゾンの打ち合わせテーブルが置かれた部屋の壁に、一枚の絵を掛けてあります。

これは、おとうさんの顔を描いた子どもの絵。

絵の中のおとうさんはメガネをかけて微笑んでいます。

この絵を描いたのは、私の息子です。

私は息子が生まれる前からこの仕事に携わっていました。

そのために息子の参観日にも、運動会にも一度も参加することができませんでした。

そんな息子が、私のために描いてくれた絵が、メゾンの壁に掛けられた「おとうさん」の絵なのです。

気付かなければ誰も気に留めない、そんな絵だけれど、私の想い、家族の想いをそっと、静かに伝えてくれるこの絵は、私の宝物です。

私をいつも想って、理解してくれた息子。

そんな息子へ、有難うの気持ちを込めて、独り立ちに贈る、私からのプレゼントです。

家族によって、事情は様々、家族の形も関係もそれぞれだけど、家族を大切に、愛おしく想うその気持ちは、皆一様にとっても強く温かいと思います。

だからこそ、その家族を想う気持ち、家族の想いの形として、大切な息子の描いた絵をこのメゾンの、この新しい家族が始まる場所に飾っておきたいと思ったのです。

温かくて嬉しくて、楽しくて、

喜びは倍に、悲しみや苦しみは半分に。

そうやって手に手をとって歩んでいく人生をメゾンで始めてもらえたら。

「新しい朝」

今日もまた一歩
前に進めばいいですね

人は
昨日は遠く
過去に戻れず
過去に生きれず

苦しい時ほど感謝して
大事な事や

大切な人を
「今」を無くさず
見失わず

ただ明日へ歩けばいい

歳を重ねても
ただ迷わず
通り過ぎず

生かされていることに有難う
縁ある人に感謝だけ

メゾンの朝

朝、東の空が少しずつ白みはじめるとすぐに、漆黒の稜線《りょうせん》がコントラストとなって雄大な富士の姿が浮かび上がってくるころ、私はメゾンのガーデンに出て、富士山の方角に向いて、大きく大きく深呼吸をします。

腹いっぱいに空気を吸い込んで、ゆっくりと吐き出す。
カラダの隅々にまでピンと張りつめた新しい朝の空気が染み渡る。
こうやって朝の良い氣を自分の体全体で受け、体の中に氣を通してやるのです。

そして、富士山の雪解けの水で一晩の体の渇きを癒すのです。

ごくごく水を飲む。

水をたくさん飲むと、それだけで、体内の悪い気や老廃物が洗い流されます。

新しい朝、

それは命の再生。

そして新しい誕生。

毎日変わらぬ習慣。

毎日変わらぬ朝の風景。

こうして、私の朝は始まっていくのです。

誰にも等しく訪れる新しい一日、でもそれをどう使うかは私次第、あなた次第。

私たちに等しく与えられた今日という一日を、大切に、誰のために、何のために使うのか、それが一番大事なんだろうと思うのです。

どうせ自分なんかとか、どうせ出来やしない、って

自暴自棄に浪費してしまうのか、

歩みは小さくても、今日の自分はこんなことができたと感謝して過ごすのか、

それは自分次第だけれど、

心持ちひとつで今日という日は全く違うものになります。

未来はずっと明るいものになる。

すべてはひとつひとつ、一歩一歩の積み重ね。

そのひとつ、一歩は小さいものだけれど、一日の積み重ねはとても大きく重く意味のあるものとなるのです。

ケーキと記念日のお店　セティボン？

アニバーサリーでは、お祝いのシーンに欠かせないケーキも作っています。

幾重にも重ねて焼き上げるバウムクーヘン「百年乃樹」は、引菓子や贈呈品として好評いただいております。

「百年乃樹」に対する思いを伝えたいと思います。

甘いものが食べたいなと思い立てば、仕事帰りに駅前のコンビニエンスストアに立ち寄って、専門店にも負けず劣らずの美味しいスイーツが24時間いつでも簡単に手に入る時代です。

でも、そこに家族の笑顔も、絆も、紡ぎだすストーリーもないんじゃないかなって思うのです。

何日も前から、その日を楽しみにして、ケーキを買いに行く道すがらも、子供やパートナー、両親、兄弟、友達など、大切なひとの笑顔を想い浮かべて、自分も自然と笑みが溢れるようなそんな時間。

ショーケースに顔を近づけて、喜ぶ顔を想い浮かべながらあれこれ選ぶその時のわくわくした気持ち。

そして、ケーキを受け取って家路を急ぐその足が、自然と軽く、速くなるようなそんな感じ。

そういうものも全部ひっくるめてケーキを届けるということなんじゃないでしょうか。

そんな家族の光景、アルバムの一ページを私は届けているのだと思うのです。

そんな笑顔あふれる家庭が日本中に、世界中にもっともっとたくさん溢れてほしいと想ってケーキを作っているのです。

右も左もわからない私が、ちいさな結婚式の仕事からスタートして、今こうしてお菓子屋さん「セティボン？」もやっていること、家族について考え、家族の記念日に寄り添い、何十年も、何百年も続く幸せのバトンを繋ぐ、そんなひとつひとつのことに意味があるのだと思うのです。

Happy Anniversary
Happy Wedding

想いを形にしたバウムクーヘン　百年乃樹

年輪を重ねるように、良いときだけでなく、苦しいときも、つらいときもどんなときも手と手を取り合って家庭を築き、歴史を刻み家族を増やしていく。

そして記念日を祝っていくことができたらどんなにステキなことでしょうか。

ここに私は家族の原風景を見た気がするのです。

そうやってこれから10年先も、20年先も、１００年先までも、家族の笑顔が、記念日とともに、続いていってほしい。

家族の幸せが、年輪を重ねるように続いていってほしい。

そんな強い想いを込めて「百年乃樹」と名付けました。

この百年乃樹に込めた私の想いは、結婚式や、記念日を迎えるお客さまの想いに寄り添って、その喜びや、感謝を伝えることができるのではないかと思います。

お客さまのまっすぐな気持ちは、このバウムクーヘンにのせて、必ず届くと信じています。

アニバーサリーとは

ブライダル事業から始まった弊社ではありますが、結婚もそれぞれが人生の中で迎える記念日の一つと捉えると、私たちの周りには非常に数多くの「記念日」があることに気付かされます。

結婚記念日やバースデーもその中の一つであり、何気ない日常の中にも様々な記念日がたくさんあります。

その大切な記念日ひとつひとつをお手伝いしたくて、〝記念日事業〟を基軸に、これまでにウエディング・ケーキ店・レストラン・フラワーショップを展開してまいりました。

〝人と人〟を繋ぐ温かい気持ちと、〝わざわざ〟のホスピタリティのもと、皆さまのお手伝いができることを、私たちはとてもうれしく想います。

3

第三章　未来の大人たちへ

想いは伝わる

職業講話の当日、私が初めて教室に入ると、子どもたちは、「誰だこいつは」というようにちらっと私を一瞥して、また自分の世界に戻っていくようです（笑）。それはどこでも何度でも繰り返される光景です。

机の上で他のことをしている子、そっぽを向いている子、友だちと話をしている子、それはそれは、さまざまです。

そういう個性の集まりを一つのクラスとして束ねて、導いていくのですから、担任の先生は大変だろうなと思ってしまいます。

子どもが話をしていて、そっぽを向いていてもお構いなしに授業を進める先生も多いと聞きます。

それはそれで一つの方法かもしれません。

でも私は、みんなが私の目を見て話を聞いてくれるまで、根気強く向き合うようにしています。

私はゆっくり丁寧に、一人一人に向って話しかけるのです。

呼吸を合わせるように話します。

私ひとり対クラス全員だとしても、真剣に向き合おうとすれば、必ず想いは伝わるものです。

こうして学生の皆さんにお話しするために、私は大切な時間を割いて学校まで足を運んでいます。もちろん先生や、学生の皆さんの大切な時間もいただいています。

だからこそ真剣に向き合って、真剣に話をする、真剣に話を聞くというのが大切なのではないでしょうか。

そして真剣に話を聞くということは、お話をして下さる相手に対しての礼儀だとも思っています。

だからこそ、皆さんが一人残らずこちらを向いてくれるまで、私は真剣に、根気強く語りかけるのです。

今日、ここで、皆さんと出会うことが当たり前のことではないということ。

この奇跡を感じてもらいたい、そう想います。

限りある人生の中で出会うことができる人は、本当にひとにぎりです。

そのすべてには、意味がある、出会うタイミングにもすべて意味がある、すべては必然に支配されている、私はそう信じています。

そして、時間は無限ではないのだということです。
限られた時間の中で、どう生きるかが大切なのではないでしょうか。

私たちは、それぞれ生まれも育ちも、もちろん顔の形や声なども違います。
でも皆一緒なのは、死ぬということ。
皆に等しく死が訪れるのです。

誰一人として生き続ける人はいないのです。

そんな限られた時間の中で生かされているからこそ、人は一生懸命に生きるのです。

人は一生懸命に輝くために努力をするのです。

時にはこんなことを問いかけます。
皆さんの前で話ができるのは誰のおかげでしょうか?と。

機会を与えてくださった先生のおかげ。

皆さんを学校に行かせてくれているご両親のおかげ。

そして、私を笑顔で送り出し、私の留守を守ってくれている愛するスタッフのおかげ。

結婚式のお手伝いをさせていただくことで、大切なお金をお支払いただいているたくさんの新郎新婦さまのおかげ。

そんなこともきちんと伝えることで、この時間がかけがえのない、何ものにもかえがたい時間であることに気付き、社会のなかで生かされているということに少しでも想いを寄せてくれたらと思っています。

真剣に返事しよう

こんな話をゆっくりと、真っ直ぐに伝えていくと次第に学生の皆さんの目が変わっていくのが分ります。

よそ見をしていた学生たちが、私の目を見て真剣に話を聞いてくれるようになります。

何か一生懸命手を動かしていた子どもたちが、手を止めて話を聞いてくれるようになります。

私の問いかけに対してまばらで小さかった返答が、返事の声が次第に大きく、揃ってきます。

挙手も変わります。

ぱらぱらと、自信がなさそうに元気なく挙がっていたその手が、耳の真横でピンと真上に挙がるようになってきます。

私は、真剣に必死に返事をすることの大切さを説きます。

その真剣さ、必死さの証、その形が、この挙手の形なのです。

いつしか、クラス中の学生たちの目が、子どもたちの輝く目が、一人残らず私を見てくれるようになります。

私の問いかけに、一人残らず、「はい」といって左手をピンと伸ばして挙手をしてくれるようになります。

ここまで、私が教室に入って15分かかることもあります。

ときには40分かかった時もありました。

いただいた時間は60分なのに。

でも、とても大切なこと、みんなにはしっかりと考えて、受け止めてもらいたいことだと思っています。

真っ直ぐに目を見て人の話を聞くこと。

「はい」と元気よく返事をすること。

果たして今、どれだけの子どもたちができるのでしょうか。

どれだけの大人ができるのでしょうか。

人の手は何のためにある？
人を守るためにあります。

人の足は何のためにある？
人に駆け寄って人を助けるためにあります。

大人ができないことを子どもに教えても、どこの子供たちがきちんとやってくれるでしょうか。

教育というのはそういうものではないのでしょうか。

だからいつも私はこの話をするのです。

嬉しいことに、そんな彼ら彼女らも、2回目に私が訪れたときには、はじめから活き活きとこちらを見て、問いかけには元気よく「はい」と返してくれる。

そんな気持ちの良いやり取りができること、本当に嬉しいものです。

与えられたこの機会に感謝です。

「心のろうそく」

だれかの心のろうそくに
火を灯すことができるのは
そのこころに種火を持った人だけ

やる氣も元氣もきっと同じ

明日を目指してすすむことは
そこに明るい未来が待っていなければ
誰だって不安になるから

もし真っ暗なトンネルのその先に
出口が見えているのなら
その暗闇を明るく照らしてやればいい
迷わないように、諦めないように

私にも、心に確かな火を灯してくれた
恩人がたくさんいます

今なら言える
心からの「有難うございます」

火を灯してくれた人に感謝して

どうかその火を絶やさず
その熱を冷まさず

後に続く人へ

昔から、連綿と続く
この温かで変わらないことを

懸命に懸命に

伝えていきましょう

遺していきましょう

与えられた役目

意味の無い人生がないように、意味の無い出会いもないことを一生懸命に伝えました。

そして、人はそれぞれに誰にもかえがたい役目を持っているのです。

そう、人にはそれぞれ与えられた役目があるのです。

リーダーとなって、みんなを引っ張っていく人、サポート役となって縁の下の力持ちになる人、ムードメーカーの人もいます。人それぞれです。

学校でもそう。

数学が得意な子や体育が得意な子、手先が器用な子、かけっこが速い子、背の高い子と背の低い子、本当に人それぞれです。

無いものを嘆くのではなく、あるものに感謝して、その意味を考えてほしいと思います。

「人」という字、よく人と人が支え合っている形なんていう人がいるけれど、私はこう思うのです。

「人」という字をよく見てみると、大きな人と、小さな人が支え合っています。

小さな方の人が、大きな方の人を一生懸命支えているようにも見えます。

大きな人は、遠くまで見渡して、くまなく回りに注意を向けることができます。

小さな人は、地面に深く深く根をおろしてしっかりと大きな人を支えています。
これと一緒。

大きな人には、大きな人にしかできない得意なことがある。
小さな人には、小さな人にしかできない得意なことがあります。

日本の教育は、みんなが一様に同じことを同じようにできなければいけない、という考えを基にしているのではないかと思うのです。

それができなければ劣等生。

本当にそうでしょうか。

本当は違うのです。

よくオンリーワンという言い方をするけれど、それとも少し違います。

自分の良さをしっかり理解して、相手の良さも認めて、支え合うこと。
これが世の中を良くすることではないでしょうか。
人は、それぞれに与えられた役割があるものです。

無いものを嘆くのではなく、今あるものを大切に。
自分の役割を実直に全うすることが大切ですね。

「人」と言う字のように。

「未来に灯る希望」

今、道を迷う
高校生や10代の皆さんへ

そして
未来に灯《とも》る希望
真っ直ぐな目をした子供たちへ

神様はきっと
見ていてくれるから

迷った時
悩んだ時は

自分のためでなく
ご両親、友達、周りにいる人や
誰かのために頑張ってみるといい

一人でいるときや
人に見られていないだろうと思うところでも
席を譲ったり
ゴミを拾ったり
歩きながらスマホを使うのをやめたりしてほしい

そんなあなたのことを
きっと誰かが見ていてくれるから
きっと神様は見ていてくれるから

誰かが喜ぶ正しい種を蒔いていれば
いつか必ず綺麗な花が咲くでしょう
その花の香りに惹かれて
きっとあなたにとって「良い人」が
集まってきます

そうじゃないと
「どうでもいい人」が
集まってきちゃうよ

10代で頑張って「したこと」が
20代、30代で花開くのもいいと思う

あなたに嫌な思いを与える人は
「そうしない方がいいよ」と
教えてくれる先生です

嬉しいなって思わせてくれる人は
「そうした方がいいよ」って
教えてくれる先生です

だから
辛い時、苦しい時があっても

どちらの先生にも感謝して
自分の明日のためだと信じればいい

今は、頑張って
明日のために
誰かのために
「綺麗なお花」を
咲かせよう

例えば
迷ったら大変な方を選んで
迷ったら重い荷物を持ってみて

その方が後で楽になるから
きっと誰かの役に立つから

今日も
これからも
あなたは「あなたに与えられた責任」を持って
明るく元気に頑張ってね

この日本（くに）を救うのは
次に大人になるあなただよ
それまでは私たちが頑張るね

嬉しい報告

私がこの職業講話を通じて何より嬉しいのは、話を聞いてくれた学生さんからお手紙をいただくことです。

あるときは、私の話を聞いて、お母さんのお手伝いをしたという報告でした。

「迷ったら大変な方を選ぼう、後が楽になるから」という話を聞いて、「いつもは宿題をしてから洗濯物を畳むのだけれど、お母さんを手伝うために、お母さんが仕事から帰ってくる前に洗濯物を畳んであげた」、という手紙をもらいました。

どの手紙も、飾らない自分の言葉で、自分の想いが真っ直ぐに綴られています丁寧に丁寧に一生懸命に心がこもった手紙です。
そういう手紙は、字も違うんですよ。

有難うを伝えよう
正しいことをしよう
迷ったら大変な方を選ぼう
できることから始めよう

当たり前で、とても小さなことだけれど、それは大きな大きな一歩です。
そういう積み重ねが大切だと思うのです。

嬉しいことに、私の講話を聞いた他の学校の先生からもお声掛けをいただける機会が増えています。

先日は私が講話に訪れた学校の担任の先生が、私のお話を聞いたことをきっかけに、ご自身の結婚式をぜひメゾンで挙げたいとわざわざ尋ねてきてくれました。

本当に嬉しいですね。

小さな一歩、でも一歩一歩大切に、歩んで行けばいつかは大きな道ができる。

一粒の種も、いつしか芽が出て、枝が伸び、葉を茂らせ、たわわに実を結ぶ。

私は種を蒔く人になりたいと思います。

そんな子どもたちが育てば、20年後の未来は明るい。
そして、彼ら彼女らがお父さん、お母さんになる40年後はもっと楽しみ。
私はそんな種を蒔く人でありたいと思います。

選ぶことは捨てること

最近強く思うのは、皆さんの生まれ育った環境が変わってきて、結婚について、結婚式について、家族の在り方について、そして自分たちの役割についてしっかり教えてもらっていないのではないかということです。

便利になった世の中。

手を伸ばせばなんでも手に入る世の中。

いろいろなものが両の掌から零《こぼ》れ落ちそうな世の中。

選択肢が増えて、あれこれと選ぶこと、決めることが多くなりました。
選ぶということは、捨てるということ。
自分で考えて行動するということは、相手の考えにまで心を寄せるということ。

いろいろなことをひとつひとつ、
あるときはあれこれ考えて、
あるときは無意識に、
天秤にかけて、
いろいろと選んで（取捨）、
進めていくということ。

不便よりも便利な方がいい。

難しいより簡単な方がいい。

今私たちは、こうしていい部分だけ、手に入れてきたものだけに目を向けてしまっているけれど、その反面、失ってしまったもの、かすんで見えなくなってしまったものものもたくさんあるのではないでしょうか。

今よりもちょっとだけでも明日を良くするために、

今よりもちょっとだけでもみんなを笑顔にするために、

今よりもちょっとだけでも結婚したい人、

結婚してよかったと思える人が増えるように、
私は学生の皆さんを前に今日も話をします。

「未来」

今は
ボヤけていても
今は
月明かりでも

自分を変えて
努力して

明日を
未来を
明るく元気にすればいい

「道を歩む」

子どもの頃
遠くに見える母は
綺麗に見えても

近くに寄り添えば
その手にはたくさんの傷があった

富士山も
遠くから見ればきれいなその景色も

近くに歩みよれば

ひとつひとつが重なり合っている

そこにあること
そこに在り続けることの大切さを想う

明日の子どものためにも
そこから逃げずに
その道を歩みたいのなら

その道を歩む責任を
自覚した方がいい

その道を歩む努力を
惜しまない方がいい
その姿はきっと
誰かが見ているから

4

第四章　結婚するおふたりへ

「ふたりの道」

ふたりにとって
大きな節目の日も
大切な日さえ
時は容赦なく移ろいでゆきます

だからこそ
今を

ふたりでただひたすらに
生き抜き、生かされていることに感謝を忘れないでください

そして100年後に残る正しい種を
ふたりの道で
ふたりで蒔いて
どうかふたりとこの日本（くに）の未来さえ
「一隅を照らす」ふたりであることを望みます

人は皆
自分の笑顔さえ自分で見ることができません
だからこそ傍に居る愛しい人に映る
あなたの笑顔を幸せに紡いでいって下さいね

泣き顔も
笑顔も
すべて傍にいる人に寄り添って「ふたりの幸せ」を感じて下さいね

そしてどんなに深い傷さえ
ただお互いが傍にいるだけで
癒されていくようにふたりを大切にして下さい
きっと何年経っても大事なものは変わらないことでしょう

出逢った頃
そして今逢いたかった気持ちを

ふたり最後まで忘れず「心一本」で絆を紡いでいって下さい
不器用なふたりですから
きっとこれからも
意地を張って
ふたりを想いすぎて
涙溢れる日もきっとあることでしょう

でも何があっても
あの日ふたりが出逢って
ふたりの心の中で生まれた
「共に生きる」ということをどうか忘れないで下さい

これからもふたりは同じ明日を
逢いたくて、逢いたくて
だからやっぱり何があっても
どうか互いが頑張る姿に
せめてあなたが拍手を添えてくださいね

結婚するおふたりへ

結婚お芽出《めで》とうございます
これからも
人を想い
人を信じて
絆を紡いで

ふたりを頑張って下さいね
ふたりを心から祝福します
愛あるおふたりへ……

「幸せの価値観」

幸せの価値観って

やわらかく言えば
人とは違うということに「気付く」ということ

誰かと比べると
その「比べかた」で
幸せは大きくなったり小さくなったり

例えば
美味しいものってなんであるのだろう?
キレイなものってなんであるのだろう?

きっと
美味しくないと思うものがあるから
キレイじゃないと思うものがあるから

幸せだってそうですね

きっと
幸せじゃないと思う心があるから

幸せは誰と何と
比べるのでしょうか?

生かされているその人には
それぞれ
その人なりの幸せがあると思う

どんな
ココロでもカタチでも
きっとその人なりの幸せがあると思う

幸せに迷ったら
そんな時は

幸せと不幸せを思う
ココロの真ん中にあるラインに
またがって良く考えてみたらいい

両方が大切だということに
きっと気が付きますから

またがっている今のうちに
大事な物事を
大切な人を失わないほうがいい

結婚するおふたりへ

変えられるのは　未来と自分
変えられないのは　過去と相手

心が滅入った時は

何気ない日常に目を向けて
好きが始まった頃を思い出して

ふたりで一緒にお話ができること
ふたりで一緒にご飯を食べられること
ふたりで一緒にケンカさえできること
そして仲直りできること

好きになっても一緒に居たくても
時々すれ違う時間に悩むときは

好き?嫌い?
両方のラインにまたがって
良く考えて下さいね

幸せは求める幸せより
与える幸せが多いほうが
ふたりの幸せはきっと大きくなっていきます

お幸せに・・・

「ふたりで居ること」

あなたに逢いたくなったら
また願いが叶うように
祈っていたあの頃

心いっぱい
命いっぱい
きっと誰もが
愛に抱かれている時
優しさに包まれている時
すべてのものが美しく見えるように
空に心いっぱい・・・すべてが輝いて

ほとんどの事に正直なつもりでも
恋を打ち明ける時
愛を伝える時
恋の唄が聴こえるまで
愛のかたちが見えるまで
真ん中に立っている時は、ふたりの明日に進みたいのに

「ふたつ」に「ひとつ」の答えが怖くて
真ん中から動けなくて臆病になったりするほど
好きでいたのに
あなたと傍で笑いあえたらいいなって

「ふたりで居ること」をただ願っていました
どんなに愛していても消えてゆく「昨日」
あなたを好きになって愛して「明日」を夢見ていたふたり

儚すぎる命と消えてゆく時間
すべてを受け入れていた
あの頃のふたり

いつの間にか
夢が愛が
ふたりで居ることが真ん中になって

明日が臆病になる

あの日の言葉も
あの日の微笑みも幸せさえ
全部信じていたあの頃・・・

世界中で一番助けたいあなたが居たのに
あの日の幸せ
同じ場所に大切にしまって
ふたり一緒に置いた愛の記憶

溢れでる涙の記憶でもう一度
いつも一番綺麗な私で逢いたかったあの頃

あの日、真ん中から明日に歩き出したふたり
結婚を迎えるということ
人を愛するということ
ふたりで居ること

優しさに包まれている時
すべてのものが美しく見えるように

時々、すれ違って泣いてもいい
洗い流した明日の空は晴れわたり
変わる気持ちはもっと大きな愛で包み込んで
明日に繋がる気持ちに変えればいい

ふたりは臆病な真ん中から一緒に居る明日を選びました

ふたりで居ること

変えるのは相手ではありません

変えられるのは未来と自分・・・そして、あなたです

どうぞお幸せに・・・

「有難《ありがと》う　済《す》みません　拝《はい》」

与えられた環境に感謝を憶えたり
人に喜んでもらうことをすると
人は、努力を惜しまなくなります
人は、なにより優しくなれます
こういう氣持ちを持つことが
本当に大切なことです

人と揉めなくなります

傍に居てくれる大切な人が増えていきます

言葉と行動が伴っていない人には
永く居れば居るほど大切な人が離れてしまいます

だから

有難《ありがと》う
済《す》みません
拝《はい》

宝物のような言葉が
素直に
自分の口から増えるといいですね

心から伝える言霊として
素直な心に
寄り添う毎日は

何でもない小さなことにも
幸せを感じるようになります
気取らない飾らない幸せは
昼も夜も平日も休日も変わりません

誰かと比べず
誰かのために
一生懸命生きている人は
とても立派で美しく輝いています

そういう人を傍に感じたいのなら
自分も努力を惜しまず

そういう人にならねば
並ぶことはできません

求めることを捨てて

ただ
してあげたい氣持ちが
大きくなったら

たくさんの人と
笑いあえることが
永く続くようになります

先達者が言っていた言葉です
「後に残るのは集めたものではなく、与えたものである」

結婚するおふたりへ
傍に居る大切な人に
あなたの愛を
ただひたすらに与えて下さいね

生きるチカラ
守るものが
あるほど
人は生きるチカラ
が強くなる
生きる権利は
生きることを
望まなければ
手に入れることは
できません

いってらっしゃい、おかえりなさい

結婚・誕生日・ふたりの記念日・家族の記念日・・・
大切な人と特別な時間を過ごす記念日の家
メゾン・ド・アニヴェルセルは願います
結婚式を迎えたふたりへ
幸せな結婚に「いってらっしゃい」
そしてふたりが始まったこの場所で

幸せな結婚に「おかえりなさい」
歩き始めた幸せな結婚に素敵な記念日を贈り続けたい・・・
25年目の銀婚式　50年目の金婚式
1年目の結婚式から始まったふたりのカレンダーが
幸せな記念日で綴られていくように
ふたりが一緒だったら
100年恋するWedding

おわりに

本書を手に取ってくださった皆さま、最後までお読みいただきありがとうございました。心から感謝申し上げます。

当然のことですが、私たちプランナーは神ではありません。技術を持つ人です。そして命に限りがある人です。

しかし、懸命におふたりの幸せを願い、その幸せの永遠の為に辛苦に耐え努力を惜しまなかったら、いつか私たちの会場には神が宿るのではないでしょうか。

その会場で誓いを立てたおふたりは目に見えない神を信じ、愛を得て、健康に恵まれ、子供を授かる、そんな場所と信じ、ここで結婚式をすれば必ず幸せになれるんだというような神域、今風に言えば、パワースポットになれるのではないでしょうか。

メゾンは永遠を願う神聖な場所となり、季節の風は悪いものを取り去り、樹々はご神木となり、おふたりをずっと見護っていくことができると信じています。

だって、愛し合うことを誓い、大切な結婚をしていていただいたのですから、おふたりには必ず幸せになってほしいのです。

おふたりの幸せとおふたりの幸せを願う周りの皆さまの気持ちが妖精となり、精

霊となり、神々として宿り始めた・・・

そんなことがあっても良いかと想います。

記念日の家が始まり、11年の年月を重ねました。

その歴史と共に、これからもメゾンを創っていきます。

百年先まで、その先まで、おふたりを、そしておふたりのお子さまも、その先も、

心の拠り所としてメゾンは在り続けます。

私たちはこれからもずっと結婚を大切にしていきます。

良太郎社長は、いつも純粋な景色を望み、結婚するおふたりの幸せを誰よりも願っ

ていました。

こんなにも結婚式に貪欲に向き合う幸せを教えてくれた良太郎社長本当に有難うございます。

愛弟子は涙を置いて頑張ります。

メゾンは社長の魂です。

メゾン・ド・アニヴェルセル　プランナー　縁藤　良枝

〜ウエディングに生涯をかけた
鈴木良太郎からのメッセージ〜

Anniversary

アニバーサリーグループ

mariage et anniversaire
Maison de Anniversaire

結婚と記念日の家　メゾン・ド・アニヴェルセル

〒417-0801　静岡県富士市大渕 3210-8
TEL：0545-37-0713　FAX：0545-37-0714

C'était Bon?
pâtisserie et Anniversaire
セティボン

ケーキと記念日のお店　セティボン？

〒420-0923　静岡県静岡市葵区川合 2-4-40
TEL：054-267-7236　FAX：054-267-7237

Ma maison
C'était Bon?
pâtisserie et Anniversaire

記念日のレストラン　マ メゾン　セティボン？

〒422-8033　静岡県静岡市駿河区登呂 2-14-26
TEL：054-654-3060　FAX：054-654-3067

profile
鈴木啓太

2002 年セティボン？に入社し、パティシエの技術を学ぶ。
2009 年に匠乃職人故明田嘉夫に師事し、バウムクーヘンの技術を学ぶ。
2011 年「ふじのくに食の都仕事人」として表彰。2014 年静岡市「静岡おみやプロジェクト」へ参加。その他、地域での非婚化少子化対策やお菓子教室、地元学生とのコラボレーションなど、多岐にわたり活動。
2016 年父であり前代表鈴木良太郎の想いを受け継ぎ、（有）アニバーサリー二代目代表に就任。

ヒャクネンコイスルウエディング
100 年恋するウエディング
ウエディングに生涯をかけた鈴木良太郎からのメッセージ

2017 年 12 月 28 日　第 1 刷発行

編者　鈴木啓太

Book Design　flippers
編集協力　遠山詳胡子
表紙デザイン　Katsumi Sugihara

発行所　株式会社オータパブリケイションズ
〒 104-0061　東京都中央区銀座 4-10-16　シグマ銀座ファーストビル 3F
TEL03-6226-2380　FAX03-6226-2381 info@ohtapub.co.jp
http://www.ohtapub.co.jp　http://www.hoteresonline.com/

印刷・製本　富士美術印刷㈱

ISBN 978-4-903721-70-5　C0036　定価はカバーに表示してあります。